b³⁴ 1590

PROJET

D'ASSOCIATION

POUR LA RÉGÉNÉRATION, LA MORALISATION,
LE BIEN-ÊTRE ET LE BONHEUR

DES CLASSES OUVRIÈRES,

ET

POUR LA PROSPÉRITÉ DE L'AGRICULTURE

PAR L'APPLICATION SAGE ET INTELLIGENTE DES VRAIS PRINCIPES
RÉPUBLICAINS.

Homo sum, nihil humani à me alienum puto.
(Je suis homme, et rien de ce qui intéresse
l'humanité ne m'est étranger.)

—◦❀◦—

Prix : 15 Centimes.

—◦❀◦—

LYON,

IMPRIMERIE DE BOURSY, GRANDE RUE MERCIÈRE, 66,
Près la place de la Préfecture.

—

1848.

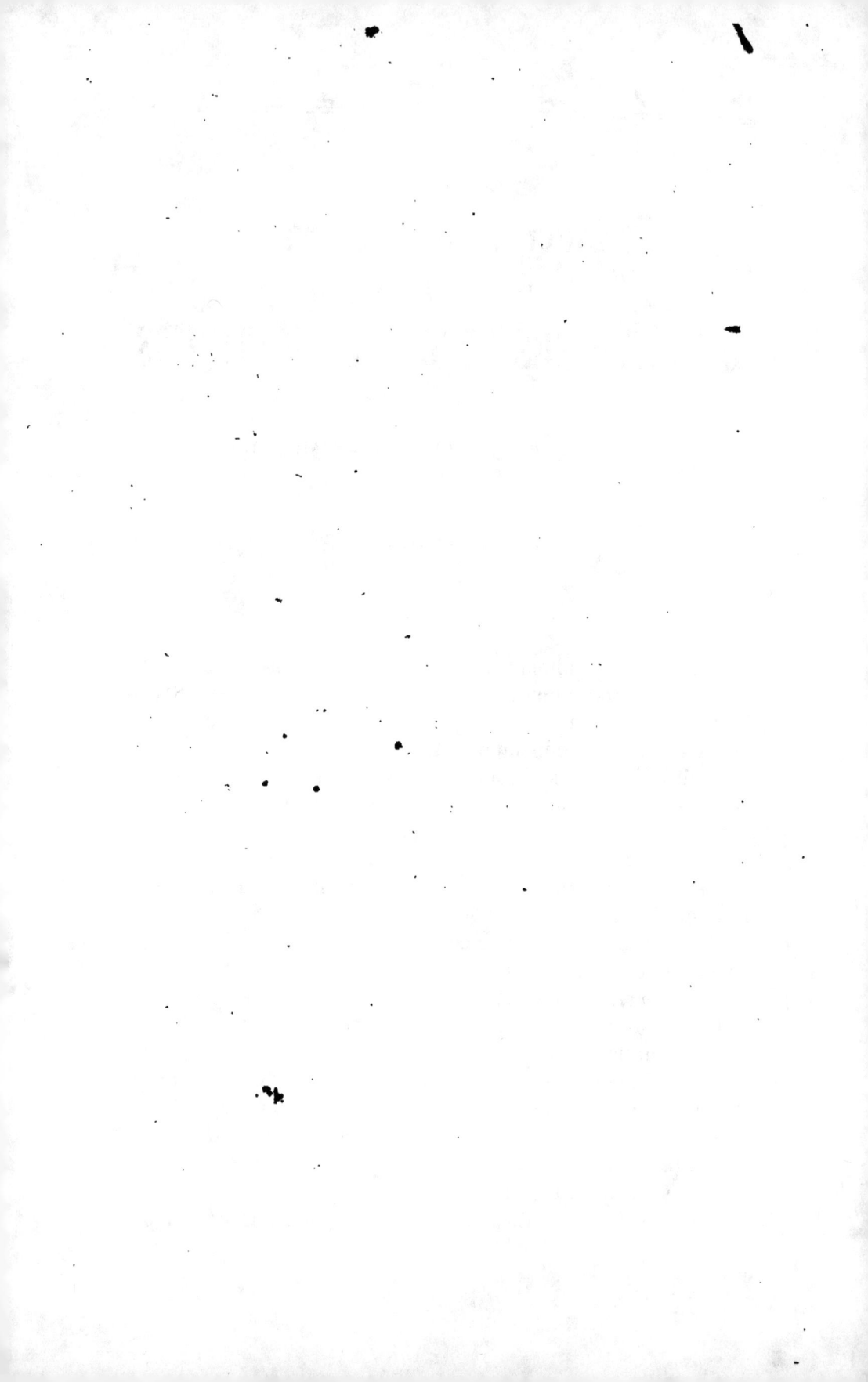

Association Générale,

PAR DÉPARTEMENT,

DES OUVRIERS ET DES DOMESTIQUES

DES DEUX SEXES,

MOYENNANT CINQ CENTIMES PAR JOUR.

— Dieu a placé les hommes au milieu des richesses de la terre pour les faire vivre en société et s'entr'aider les uns les autres. Pour cela, il les a créés inégaux en toutes manières, afin de les mettre sous la dépendance les uns des autres, par la réciprocité des services pour la satisfaction de leurs besoins. L'être humain le plus richement doté, le plus heureusement placé sur la terre, ne peut se passer de ses semblables ; et cela est si vrai, que si ceux-ci lui refusent leurs services, cet être en apparence si heureux devient le plus malheureux des hommes.

C'est cette dépendance, cette réciprocité de services, qui constitue le premier et le plus important lien de l'état social.

Tout service d'homme à homme est un bienfait. Le bienfait ne peut se solder entièrement avec du métal : Dieu a mis dans notre cœur la reconnaissance.

Le sentiment des bienfaits porte à l'amour du prochain, à la fraternité. Voilà le lien moral de la société que le christianisme a exalté et consacré par ces belles maximes : *Aime ton prochain comme toi-même. Ne fais pas à autrui ce que tu ne voudrais pas qu'il te fît.*

L'amour du prochain, la fraternité, porte à la protection

et à l'assistance. De bons frères ne peuvent laisser souffrir l'un d'eux sans l'assister ; c'est ce qui constitue la charité, sentiment qui élève le plus l'homme et qui lui procure les plus douces jouissances.

Dieu nous a créés tous sans distinction, avec plus ou moins de défauts, avec des tendances plus ou moins vicieuses, afin qu'aidés de notre raison et éclairés par notre conscience, émanations de sa toute-puissance dont ils nous a pénétrés, nous ayons, dans la lutte, le mérite et la récompense de nos bonnes actions. C'est cette imperfection, dont nous sommes tous plus ou moins entachés, qui nous doit rendre indulgents les uns pour les autres et nous faire oublier le mal du prochain. Le pardon, l'oubli est de la vie de bons frères.

La fraternité, la charité et le pardon sont les plus belles maximes du christianisme, et démontrent son origine toute divine.

La véritable République qui invite tous les hommes à participer en bons frères aux charges et aux avantages de la vie sociale, en proclamant, comme le christianisme, la fraternité, la charité et le pardon, est le meilleur gouvernement.

De l'amour du prochain, de la fraternité, découlent naturellement l'esprit de famille, l'amour du pays, le civisme, le patriotisme, en un mot le sentiment national.

Tout ce qui affaiblit ces liens relâche l'état social, tend à le dissoudre et à reporter les hommes à la vie primitive et sauvage.

La civilisation mal réglée, qui multiplie les besoins, qui tend à introduire partout et à tout prix le bien-être, le confortable, le luxe, et qui y pousse les hommes par tous les moyens possibles, énerve la société en développant de plus en plus l'amour de soi, l'égoïsme, l'individualisme et toutes les misères qui s'y rattachent, telles que l'envie, la cupidité, la mauvaise foi, l'orgueil, la rivalité, et tout cela au détriment de l'amour du prochain, de la fraternité, de la générosité, de la charité et du civisme. Avant tout, on n'a en vue que soi, on ne voit que ses propres intérêts, que ses propres jouissances, on a l'esprit de conservation moins pour conserver la chose publique, pour défendre l'autel sacré de la patrie, que pour conserver sa position, son or, son luxe,

son confortable ; et avec une pareille direction, si l'on agit, c'est bien moins par dévouement au bien, à la prospérité du pays, à l'amélioration du sort des classes nécessiteuses, aux réformes utiles, et à tout ce qui a trait à l'intérêt général, que pour arriver purement à la conquête des emplois lucratifs et des positions élevées.

C'est la voie où nous sommes malheureusement entrés depuis la chute de l'Empire et l'invasion de la France, et dans laquelle nous avons marché si rapidement, si imprudemment et si étourdiment sous la monarchie de 1850, qu'il n'est pas du tout étonnant, pour l'observateur tant soit peu attentif, que nous soyons arrivés à trébucher tout d'une pièce et que notre chute ait été si lourde et si grave. Hélas! quand tous les bras qui retiennent le navire amarré et battu par la tempête s'énervent, s'affaiblissent et abandonnent les câbles, il s'en va emporté par la tourmente, ne comptant plus que sur la Providence.

Dans les dernières années du gouvernement tombé, l'argent était tout, tout s'y rapportait, tout était vénal, tout se vendait, tout s'achetait d'une manière quelconque, chacun était préoccupé de soi, de ses intérêts, de son but, de sa position, de sa fortune, et le bien, la prospérité et le bonheur du pays n'étaient toujours qu'en dernière ligne. On vivait au jour le jour, toujours avec les mêmes moyens de conservation à tout prix, à toutes conditions, sans préoccupation sérieuse de l'état du pays, de ses besoins, de ses réformes, et surtout de l'amélioration de la situation des classes ouvrières.

Depuis long-temps je déplorais cet état de choses, et, certes, je n'étais pas le seul. Ce qui m'affligeait le plus, c'était de voir le peu de souci qu'on prenait généralement du sort des travailleurs, dont la plupart n'avaient pour perspective que la misère, les dépôts de mendicité et les hôpitaux. Ma position de médecin me mettait plus à même qu'un autre de sonder cette plaie sociale.

En 1845 et 1846, j'adressai au gouvernement, directement d'abord, puis par l'entremise de M. Terme et de M. Fulchiron, un projet pour l'organisation et l'amélioration des classes ouvrières; je ne reçus jamais que des réponses évasives qui trahissaient plus les préoccupations politiques

et de conservation des hommes d'état d'alors que leur mauvais vouloir. Du reste, à ce moment-là, on avait horreur de toute réforme, et l'on n'était pas bien reçu à en proposer.

Ce que je demandais, ce que je proposais à cette époque est encore ce que je propose et demande aujourd'hui, c'est-à-dire l'association par département de toutes les classes ouvrières des deux sexes, y compris les domestiques, dans un but commun d'appui, de protection et de secours mutuels, moyennant une modique contribution ; mais pour atteindre le but, je demandais que la caisse fût dotée par l'Etat d'un premier fonds suffisant. Le projet que je présente aujourd'hui est neuf sous le rapport financier.

Peu de temps après la révolution de Février, je m'adressai à M. de Lamartine comme à l'homme de qui j'espérais et dont j'espère encore le plus, quoiqu'il n'ait pas répondu à l'attente, pour l'amélioration sociale et le bonheur de la France. Je lui fis part de mon projet, à peine écouté sous la monarchie qui venait de s'écrouler, et lui témoignai que le besoin le plus impérieux du moment, que l'ancre de salut pour résister à la tempête, était l'organisation immédiate des classes ouvrières sur de nouvelles bases. Je lui disais : « La pro- » priété fait envie ; ceux qui possèdent offusquent ceux qui » n'ont rien. Créez en faveur des ouvriers, des prolétaires, » une propriété dont les revenus leur viennent en aide dans » leur vie laborieuse et leur assurent une retraite dans » leurs vieux jours, ainsi qu'un secours suffisant à leurs » veuves et à leurs orphelins. »

Pour cela, je proposais une caisse dans chaque département dotée largement par le pays ; puis je demandais un appel immédiat à la générosité publique. Dans ma modique position de médecin, j'offris à M. de Lamartine de souscrire en faveur de cette caisse pour une somme de 500 fr., et dans ce moment-là on aurait trouvé partout la même générosité.

Je ne sais si M. de Lamartine a reçu ma lettre, j'ignore s'il a pu en prendre lecture dans la tourmente où il se trouvait ; mais ce qui est certain, c'est que je n'en ai reçu aucune réponse.

Aujourd'hui je reviens à mon projet, comme le seul moyen de satisfaire les masses, de remettre de l'ordre dans

la société, d'assurer l'avenir des travailleurs, de rétablir la confiance, la concorde, et de faire revivre la fraternité évangélique.

Le besoin de l'association est si bien senti par les classes ouvrières pour se protéger et s'aider mutuellement, que depuis bien long-temps les diverses corporations se sont créé des caisses de secours dont elles ont pu apprécier les avantages. Mais ces associations partielles, sur une échelle limitée, avec la seule contribution des sociétaires, ne pouvaient atteindre qu'imparfaitement le but, et étaient insuffisantes pour créer une retraite à la vieillesse et aux invalides.

Voici mon projet :

Association générale des ouvriers et des domestiques des deux sexes par chaque département, dans un but de secours mutuels et de caisse de retraite pour les vieillards et les invalides, moyennant une dotation suffisante par la nation, des dons volontaires et une contribution de *cinq centimes* par jour de chaque sociétaire.

La caisse de l'association deviendra en même temps pour chaque sociétaire une caisse d'épargne, une caisse de prêt sur gage et une banque pour la petite propriété rurale.

Egalité et fraternité, premiers liens de l'association.

Liberté d'organisation, point de contrôle du pouvoir.

Administration toute paternelle, soumission toute filiale, accord tout fraternel. *

Statuts empreints d'équité, de cette justice, de cette puissance émanée de Dieu, qui parle au cœur et à la conscience de tous les hommes.

Administration choisie en dehors de l'association, parmi les plus dignes, par les sociétaires, et renouvelée tous les ans par tiers; fonctions gratuites, tout honorifiques.

Bureaux avec secrétaires et commis salariés.

Election dans chaque corps de métier d'un conseil de famille à fonctions gratuites, avec un bureau pour le service de la corporation et pour correspondre avec l'administration centrale.

Création de ces conseils dans les chefs-lieux de département et d'arrondissement, et dans les villes manufacturières du département; renouvellement de ces conseils annuelle-

ment et par tiers. Ces conseils auraient un correspondant dans chaque commune rurale.

Erection dans chaque chef-lieu d'un vaste monument portant sur son frontispice les emblèmes de la concorde, de la fraternité, de l'amour du prochain, avec cette inscription : *Palais des Ouvriers*, et en dessous, au milieu des attributs des diverses corporations : *Honneur au Travail*.

Ce monument deviendrait le siége de l'administration, des bureaux et de la caisse de l'association ; il serait encore, comme l'a proposé M. Ducoux à Paris, une bourse, un lieu de réunion pour les ouvriers, où l'on pourrait leur créer divers cours ayant trait à la plupart des métiers.

Dans ce palais des ouvriers seraient inscrits sur des tables d'airain les noms des bienfaiteurs de l'association.

Provisoirement, on affecterait dans chaque chef-lieu un monument public au siége de l'administration.

La caisse serait sous la surveillance de l'administration et sous la responsabilité d'un caissier qui fournirait un cautionnement.

Création par l'administration, et dans son sein, d'un comité des finances pour la gestion des fonds de l'association.

L'administration, sur une liste de candidats établie par les conseils réunis des corporations, choisirait un nombre suffisant de médecins pour la constatation des sociétaires malades, des cas d'infirmité, et pour les soins à leur donner. Ces médecins recevraient un traitement et auraient droit à une retraite après trente ans de service.

La caisse serait administrée ainsi qu'il suit : prélèvement d'une partie de la contribution pour être ajoutée au capital ; emploi des autres parties et du revenu du fonds social aux besoins de l'association.

La caisse serait autorisée par une loi spéciale à placer ses fonds sur les biens ruraux, mais seulement des propriétaires cultivateurs. Les placements ne s'élèveraient guère au-dessus de la somme de cinq mille francs, et ne pourraient jamais être effectués pour achat de terrain, mais seulement pour bonification quelconque de la propriété. L'intérêt serait à 5 p. %. La caisse aurait un livre hypothécaire particulier pour elle, et ses placements se feraient sans droits d'enregis-

trement. Les actes seraient faits par les notaires ruraux, et c'est par leur entremise que la caisse recevrait les intérêts et les remboursements.

Si les remboursements aux échéances nécessitaient des poursuites, elles auraient lieu par les moyens judiciaires ordinaires.

Les placements ne pourraient se faire pour plus de cinq ans, sauf à les renouveler s'il y avait lieu.

Les fonds de l'association auraient encore un autre emploi : la caisse prêterait sur gage aux sociétaires à 4 p. $\%$ sans frais. Les objets donnés en nantissement seraient retirés avant deux ans ; passé ce délai, ils seraient vendus à l'enchère, et le surplus du prêt serait remboursé au sociétaire. Ce serait un véritable mont-de-piété sans usure ; il remplacerait nos anciens monts-de-piété, qui dévorent les classes ouvrières plus qu'ils ne les soulagent.

La caisse recevrait les épargnes des sociétaires à 4 p. $\%$; elles seraient remboursables à volonté, mais seulement dans les trois premiers mois de l'année. Cet argent, placé à 5 p. $\%$ sur la propriété rurale, produirait 1 p. $\%$ à la caisse.

Les sociétaires trouveraient dans cette combinaison une caisse d'épargne qui leur offrirait les garanties les plus sûres.

Une caisse spéciale recevrait chaque année une somme plus ou moins importante, selon les ressources de l'association, pour être convertie en primes et être donnée à titre de récompense et d'encouragement à ceux des sociétaires qui se seraient signalés entre tous par leur bonne conduite et leurs vertus. C'est dans cette caisse qu'on puiserait aussi pour récompenser et encourager les découvertes applicables à l'industrie et faites par les sociétaires.

Annuellement, on célébrerait l'anniversaire de l'association le même jour dans toutes les paroisses du département, d'abord par une messe solennelle où seraient invitées les autorités et notabilités, avec une quête dans l'église au profit de la caisse ; quelques paroles évangéliques tombées de la chaire favoriseraient cette quête, puis la distribution des récompenses et quelques réjouissances publiques signaleraient cette grande fête de famille.

Annuellement aussi, l'administration publierait un état exact des finances de l'association, à savoir : montant du ca-

pital, versements de l'année, placements, épargnes, prêts sur gage, secours accordés; pensions de retraite, etc., afin que l'état des ressources de l'association fût connu de tous.

Tous les sociétaires seraient appelés à prendre part à l'élection des administrateurs qui, à cause de l'importance de leurs fonctions, ne manqueraient pas d'être choisis parmi les plus éminents en science, en connaissances spéciales, en probité et en fortune.

Les conseils de chaque corps de métier seraient formés d'un nombre déterminé de membres élus par les ouvriers sociétaires du corps d'état, moitié parmi eux et moitié parmi les maîtres, dont la plupart sont connus sous le nom de *fabricants*. Les bureaux de ces conseils seraient nommés par l'administration générale.

Les correspondants des conseils seraient élus par tous les sociétaires de la localité et pris parmi eux ; ils seraient réélus tous les ans.

Chaque conseil s'occuperait des intérêts de sa corporation ; il serait appelé à régler toutes les difficultés touchant le travail, les apprentis, et remplacerait, en ce sens, le conseil des prud'hommes ; il aurait en outre la mission d'établir un tarif des prix des façons. Ce tarif serait équitable, en ce qu'il serait consenti par un conseil composé d'autant d'ouvriers que de maîtres, et il ne nuirait pas à la libre concurrence du commerce, car il serait revu et modifié au besoin tous les six mois.

Le conseil de famille nommerait des syndics pris dans son sein parmi les sociétaires pour la surveillance de la corporation, c'est-à-dire pour fournir par son bureau au bureau central l'état des malades, des décès, des veuves, des orphelins, etc. Ces syndics seraient encore chargés de surveiller la répartition du travail parmi les sociétaires et de recevoir les réclamations quelconques, pour en faire un rapport, s'il y avait lieu, au conseil.

Toutes les fois qu'il y aurait partage de voix dans le conseil, l'administration générale serait appelée à se prononcer. Chaque conseil exercerait en outre une discipline sur sa corporation. Les sociétaires jugés par lui pourraient en appeler à l'administration, qui jugerait en dernier ressort.

Tous les procès-verbaux des séances des conseils seraient

transmis au bureau de l'administration pour servir à la rédaction du compte-rendu annuel de l'association.

Chaque sociétaire malade recevrait *un franc cinquante centimes* par jour et les soins gratuits d'un des médecins de l'association. Les sociétaires malades qui entreraient dans les hôpitaux ne recevraient que la moitié de ce secours, c'est-à-dire *soixante et quinze centimes*.

La veuve d'un sociétaire recevrait un seul secours, qui ne pourrait être moindre de *deux cents francs*.

Les funérailles de tout sociétaire seraient égales pour tous et aux frais de l'association.

Les orphelins au-dessous de l'âge de quinze ans auraient droit chacun à une somme de *deux à trois cents francs*, pour subvenir aux frais de leur apprentissage ; cette somme ne serait payée qu'aux maîtres-ouvriers qui se chargeraient de ces orphelins comme apprentis et d'après des conditions écrites.

Tout sociétaire arrivé à l'âge de soixante-cinq ans aurait droit à une pension annuelle de retraite de *quatre cents francs*; mais, pour acquérir ce droit, le sociétaire devrait être associé depuis dix ans au moins. Si un ouvrier âgé de soixante ans voulait entrer dans l'association, il ne pourrait jouir de la retraite qu'à l'âge de soixante-dix ans. En un mot, tout ouvrier, quel que fût son âge, pourrait s'associer, mais n'aurait droit à la retraite qu'autant qu'il aurait contribué à l'association durant dix ans au moins.

Tout ouvrier invalide ne pouvant travailler recevrait une pension d'*un franc* par jour pendant tout le temps que durerait son infirmité.

Les sociétaires, depuis l'âge de dix-huit jusqu'à trente ans, prendraient part chaque année à un tirage d'un certain nombre de primes dont la plus basse serait de 50 francs et la plus élevée de 500 francs (1).

---

(1) Le recrutement actuel pourrait bien nous priver de jeunes sociétaires, mais je pense qu'il sera modifié et qu'il pèsera moins sur les classes ouvrières. Ce qu'il y a de mieux à faire en fait de recrutement pour l'armée, c'est de rendre le service militaire obligatoire sans remplacement, sauf quelques exceptions rares ; mais, pour cela, il faut faire de l'état militaire une carrière, une véritable profession, permettre les enrôlements volontaires, limiter la

Tout sociétaire devrait verser sa contribution tous les mois au bureau de sa corporation, où il en recevrait un reçu ; s'il laissait passer un an sans verser, il serait censé démissionnaire et rayé. La contribution quoique due par douzième, il serait accordé un délai selon les raisons alléguées par le réclamant, mais ce délai ne pourrait jamais s'étendre au-delà de douze mois.

Tout sociétaire pourrait changer de département et toujours faire partie de l'association, s'il continuait à verser sa contribution ; mais si, à cause de son éloignement, il voulait entrer dans l'association d'un autre département, il lui serait délivré à cet effet un certificat afin de lui faire tenir compte dans cette nouvelle association de son temps de sociétaire pour la retraite.

Les vignerons et les fermiers cultivateurs seraient admis dans l'association, car ils forment dans les départements une population nombreuse sur laquelle très souvent la misère ne pèse pas moins que sur les classes ouvrières.

Tous les sociétaires auraient droit à la même protection, aux mêmes garanties, aux mêmes avantages ; mais tous aussi devraient se soumettre aux statuts de l'association, aux avis, aux décisions de leurs conseils, et concourir en bons

---

durée du service à quatre années, et engager les jeunes soldats qui y auraient du goût à prolonger leur service, en leur donnant, comme encouragement, une augmentation de paie au bout de douze ans, et leur assurant une retraite après vingt ans de service.

De cette manière, les jeunes gens qui n'auraient pas de goût pour la vie militaire rentreraient dans leurs foyers tout jeunes encore et bien à temps pour embrasser une profession quelconque. Ceux qui, au contraire, resteraient à l'armée feraient de fort bons soldats, serviraient de modèles et de guides aux jeunes gens, et se retireraient encore dans la force de l'âge. Alors ils pourraient entrer dans notre association et se préparer pour leurs vieux jours une vie honorable au moyen de la retraite de l'association ajoutée à celle de l'Etat. Il serait glorieux pour la France de voir ses vieux soldats finir leur existence, non dans la misère et la mendicité, comme on le voit généralement, mais dans une véritable aisance.

Il n'y a point d'inconvénients, selon moi, à ce que tous les jeunes citoyens valides et bien constitués soient appelés indistinctement à payer leur dette à la patrie en lui consacrant, durant quatre années, les premiers services de leur vie d'hommes ; ce serait, en outre, leur donner le civisme pour premier aliment moral, dont, en général, la jeunesse est avide, et qu'elle perd malheureusement toujours trop tôt. Puis, le jeune homme, quelle que soit son éducation, quelles que soient sa naissance et sa position sociale, n'a-t-il rien de bien à gagner sous le régime d'ordre, de soumission et de régularité de la discipline militaire ?

frères à leur bonheur mutuel, et par là se rendre dignes d'exemple et d'envie des autres peuples.

Par le fait des secours que les sociétaires malades recevraient à domicile, les hôpitaux auraient moins de malades, ce qui engagerait la bienfaisance qui s'exerce sur ces établissements à se porter de préférence sur les caisses des ouvriers.

Jamais la France ne s'est trouvée dans de meilleures conditions morales pour la réalisation d'un pareil projet, car je crois que tout le monde y est intéressé: ouvriers, maîtres, commerçants, négociants, agriculteurs, riches et pauvres. Eh bien! malgré les avantages que tout homme sensé, ami de ses semblables et de la prospérité de son pays, ne manquera pas de reconnaître dans mon projet, il se trouvera encore assez de gens, ergoteurs de toutes qualités, prompts à contredire, puissants et ardents à détruire, mais incapables d'édifier, qui lui feront opposition; mais que les vrais intéressés, les ouvriers et les propriétaires cultivateurs, s'entendent et persistent à en demander l'adoption et l'exécution, et ils y arriveront assurément.

Si le peuple est souverain pour renverser un gouvernement quelconque qui ne comprend pas les intérêts du pays, doit-il l'être moins pour arriver à mettre la société entière dans de meilleures conditions d'existence, d'harmonie, de stabilité et de bonheur?

La dotation des caisses est sans doute ce qui soulèvera le plus d'opposition dans le moment de crise financière où nous sommes; mais qu'on se hâte d'organiser les trois cent mille hommes de garde mobile et qu'on réduise d'autant l'effectif de l'armée, et l'on aura bien de reste pour doter les caisses des ouvriers.

Au reste, on vote des millions dont l'importance est plus ou moins contestable, et pourquoi n'en voterait-on pas pour assurer avec efficacité la tranquillité et la prospérité du pays?

Le privilège en faveur du placement des fonds de l'association pourra bien aussi effrayer les financiers de l'État; mais c'est un sacrifice largement compensé par les avantages qu'en retireraient les ouvriers sociétaires pour le placement assuré de leurs épargnes, et par les facilités que vous donneriez

aux propriétaires cultivateurs que l'usure et la dette hypothécaire dévorent, en leur prêtant de l'argent à bon marché
pour améliorer leurs terres, conséquemment pour en aug-
menter les produits et les mettre à même de livrer ceux-ci
à meilleur marché à la consommation.

Par cette combinaison, l'industrie et l'agriculture, les
deux mamelles nourricières du pays, se protégeraient mutuellement.

J'invite tous les citoyens qui ont de l'âme et qui ne rêvent
que le bonheur de la France à concourir à la réalisation de
mon projet ; mais pour cela il faut protéger et servir avec
dévouement notre jeune République, car ce n'est que par
elle et le suffrage universel que l'association triomphera des
obstacles et des préjugés qu'elle pourra encore rencontrer sur
les bancs de notre première Assemblée Nationale. Il ne s'a-
gira, aux premières élections, que de demander aux candidats
s'ils sont favorables à l'association.

APERÇU APPROXIMATIF DES RESSOURCES FINANCIÈRES D'UNE CAISSE D'ASSOCIATION.

Je prends l'association du département du Rhône. La
nation dote cette caisse de quinze cent mille francs eu égard
à la population ouvrière de Lyon ; l'appel fait à la générosité
publique produit trois cent mille francs. Total : un million huit
cent mille francs. J'admets quatre vingt mille sociétaires,
qui, à cinq centimes par jour chacun, donnent un produit
de quatre mille francs. Je suppose un malade par cent, ce
qui donne huit cents malades par jour, qui, à un franc cinquante chacun, font une dépense de douze cents francs par
jour ; restent deux mille huit cents des quatre mille francs. Ces
deux mille huit cents francs par jour produiront, au bout de
l'année, la somme d'un million vingt-deux mille francs. Ajou-
tons à cela le revenu à 5 p. % d'un million huit cent mille
francs qui est de quatre-vingt-dix mille francs, plus *(minimum)*
dix mille francs de quêtes dans les églises, dix mille francs
(minimum) de dons volontaires, ce qui fait pour l'année onze
cent trente-deux mille francs de recette, les malades payés.

Actuellement, calculons les dépenses.

J'admets approximativement quatre cents décès par an sur quatre-vingt mille sociétaires ; frais de funérailles, cent francs pour chacun : total, quarante mille francs ; secours de deux cents francs à deux cents veuves, quarante mille francs ; somme de trois cents francs à cent cinquante orphelins pour apprentissage, quarante-cinq mille francs ; quatre-vingts médecins pour quatre-vingt mille sociétaires à appointements de mille à quinze cents francs, selon l'étendue de la circonscription qui serait assignée à chacun, cent vingt mille francs ; trésorier, trois mille francs ; secrétaire-général, trois mille francs ; cinquante commis pour les divers bureaux, à mille francs chacun, cinquante mille francs ; frais du mont-de-piété de l'association, vingt mille francs ; dépenses imprévues, dix mille francs ; secours à deux cents sociétaires invalides par suite de blessures et accidents, à un franc par jour, soixante et treize mille francs ; récompenses et encouragements, trente mille francs ; primes, trente mille francs : total, quatre cent soixante-quatre mille francs à prendre sur la somme de onze cent trente-deux mille francs ; restent six cent soixante-huit mille francs qui, ajoutés à un million huit cent mille francs, donnent un capital de deux millions quatre cent soixante-huit mille francs.

Les retraites ne devant commencer qu'après dix ans, on arriverait dans cet espace de temps, en comptant les intérêts du capital grossis chaque année, à plus de onze millions.

Eh bien ! pour dernier calcul, admettons une retraite sur trente sociétaires, ce qui fait deux mille six cent soixante-six pour quatre-vingt mille sociétaires à quatre cents francs chacune, et produit une dépense d'un million soixante-six mille quatre cents francs, ce qui n'absorberait pas le revenu actuel, puisqu'il serait d'un million deux cent dix-huit mille francs, y compris les intérêts de onze millions ; il resterait donc une somme qui, grossissant chaque année, permettrait, après un certain laps de temps, de parer en partie au chômage.

Eh bien ! alors, l'ouvrier n'aurait plus à désirer ; il serait riche et propriétaire sans avoir la crainte de s'appauvrir. Il n'y aurait plus de pauvres.

CHARDON, D.-M., à Chasselay (Rhône).

www.ingramcontent.com/pod-product-compliance
Lightning Source LLC
Chambersburg PA
CBHW060732280326
41933CB00013B/2603